Kunstfehler in der Psychotherapie, Verhaltensanalyse nach dem SORKC-Modell und Anforderungen an das Erstgespräch

Rahmenbedingungen und Verfahren in der Verhaltenstherapie

Bibliografische Information der Deutschen Nationalbibliothek:

Die Deutsche Nationalbibliothek verzeichnet diese Publikation in der Deutschen Nationalbibliografie; detaillierte bibliografische Daten sind im Internet über http://dnb.d-nb.de abrufbar.

ISBN: 9783346513021
Dieses Buch ist auch als E-Book erhältlich.

Druck und Bindung: Books on Demand GmbH, Norderstedt Germany
Gedruckt auf säurefreiem Papier aus verantwortungsvollen Quellen

Das vorliegende Werk wurde sorgfältig erarbeitet. Dennoch übernehmen Autoren und Verlag für die Richtigkeit von Angaben, Hinweisen, Links und Ratschlägen sowie eventuelle Druckfehler keine Haftung.

Das Buch bei GRIN: https://www.grin.com/document/1134680

EINSENDEAUFGABE

im Modul

Rahmenbedingungen und Verfahren der Verhaltenstherapie

Alternative B

Studiengang: M.Sc. Psychologie

Modul: Rahmenbedingungen und Verfahren der Verhaltenstherapie

Abgabe am 03.05.2021

Inhaltsverzeichnis

Abbildungsverzeichnis

Tabellenverzeichnis

1 Kunstfehler in der Psychotherapie

1.1 Begriffsdefinition Kunstfehler

Da es sich in dieser Arbeit thematisch um Kunstfehler in der Psychotherapie handelt, wird zunächst darauf eingegangen, was Psychotherapie rechtlich bedeutet. Nach Pulverich (2000, S. 644) ist die Psychotherapie eine Intervention in die psychische und physische Verfassung des Patienten und einwilligungspflichtig.

„Auch die Psychotherapie gilt als Eingriff in die körperliche Integrität, da auf den seelischen Zustand eines Menschen eingewirkt wird. Die Einwilligung des Patienten muss daher vor jeder psychotherapeutischen Behandlung vorliegen" (Pulverich, 2000, S. 644).

Das hier aufgeführte Verständnis von Psychotherapie macht deutlich, wie weitreichend der Einfluss einer Behandlung gehen kann. Bereits aus dieser rechtlichen Bestimmung ergeben sich die ersten psychotherapeutischen Kunstfehlermöglichkeiten. In der Literatur gibt es keine einheitliche Definition des Begriffs „Kunstfehler", wobei psychotherapeutische Autoren auch häufig Bezeichnungen wie „Alltagsfehler", „medizinische Fehler", „Behandlungsfehler", „Therapiefehler", „Fehlhandlungen", „therapeutisches Fehlverhalten" oder „Fehler" im Generellen nutzen (vgl. Bienenstein & Rother, 2009; Emmelkamp, 1988; Frenzl, Gawlytta, Schleu & Strauß, 2020; Hoffmann, Rudolf & Strauß, 2008; Hutterer-Krisch, 2001a, 2001b, 2007; Kottler, Blau & Hölscher, 1991; Märtens & Petzold, 2002; Sponsel, 2002). Klar abzugrenzen ist der Kunstfehler jedoch von der Nebenwirkung in der Psychotherapie. Darunter werden die „mögliche[n] negative[n] Effekte von Psychotherapie" (Schwartze & Strauß 2018, S. 296) verstanden, die aus einer regelkonform verlaufenen Therapie erwachsen können.

Im Managementhandbuch für Psychotherapeuten werden Fehler definiert als „unangemessene Durchführung von Diagnostik oder Therapie oder eine falsche Indikationsstellung, wobei gegen anerkannte Richtlinien bzw. aktuelle Standards verstoßen wird oder Grundregeln des therapeutischen Verhaltens dem Patienten gegenüber missachtet werden" (Behnsen et al., 2001).

Sponsel (2002) geht mit seiner Definition in eine ähnliche Richtung und setzt den Kunstfehlerbegriff in Zusammenhang mit der Integrität und Kompetenz des Therapeuten: „Ein Kunstfehler liegt vor, wenn bei zumutbarer und kundiger Analyse der Einzelfall-Sachlage, ein nach den allgemeinen[1] oder zulässig individuell vereinbarten wichtigen Zielen und Zwecken der

---

[1] „Hier sind die rechtlichen, berufsrechtlichen und berufsethischen Rahmenbestimmungen gemeint, die unabhängig von individuellen Vereinbarungen gelten, z.B. sind sexuelle Kontakte verboten, gelten nach dem Gesetz als schädlich und sind verboten, was auch durch eine individuelle Vereinbarung nicht aufgehoben werden kann" (Sponsel, 2002).

Behandlung gebotenes Tun oder Lassen nicht erfolgte." Der Autor betont in seiner Definition die stets gebotene Betrachtung im Kontext des Einzelfalls. Auch Strauß (2010) betont in seiner Arbeit zu den Risiken, Nebenwirkungen und Fehlbehandlungen in der Psychotherapie die Individualität und den unterschiedlichen Verlauf einer jeden Psychotherapie.

Schwartze und Strauß (2018, S. 296) verstehen unter Kunstfehlern nachteilige Therapiefolgen. die sich aus einer inkorrekt durchgeführten Therapie für die Patienten ergeben. Der Fokus liegt dabei auf den Umgangsformen des Therapeuten, weniger auf der Therapie an sich (Schwartze & Strauß 2018, S. 296).

Märtens und Petzold (2002) erwähnen, dass Behandlungsfehler eine Determination implizieren, die aufgrund der Vielzahl involvierter Variablen schwierig zu ermitteln ist. Gleichwohl lassen sich Risikofaktoren angeben, die Behandlungsfehler wahrscheinlich werden lassen. Zu ihnen rechnen Märtens und Petzold (2002) die angewendeten therapeutischen Ansätz, die eingesetzten Techniken, die Rahmenbedingungen des Settings und nicht zuletzt die Aufklärung über das Risikopotenzial der Behandlung selbst.

Andere Autoren wie Kottler et al. (1991) heben im Behandlungskontext Anfängerfehler und allgemein technische Fehler hervor. Anfängerfehler betreffen falsche Timing- und Tempo-Dispositionen, allgemein Fehleinschätzungen, aber auch den Rückgriff auf ungeeignete Methoden und Interventionen. Die technischen Fehler, die allen unterlaufen können, resultieren aus einer Fehlanwendung der therapeutischen Technik auf der Ebene von Blickkontakt, Fragestellung, Konfrontationsscheu und deplatziertem Bezug zu eigenen Lebensthemen. Außerdem können ein zu geringes Selbstvertrauen sowie die Verwechslung von Person und Diagnose zu Behandlungsfehlern führen.

Generell wird bislang in der Psychotherapie die Untersuchung von Kunstfehlern nicht systematisch betrieben. Eine Ausnahme bilden die extremen Vorkommnisse von sexuellem Missbrauch (Frenzl et al., 2020; Schwartze & Strauß, 2018, S. 296; Strauß, 2010). Der Fehlerthematik bezugnehmend zum sexuellen Missbrauch haben sich unter anderem die Autoren Egle, Joraschky, Lampe, Seiffge-Krenke und Cierpka (2016); Eichenberg, Dorniak und Fischer (2009) sowie Vogt, Arnold und Sonntag (1999) gewidmet. Barthe (2002) betrachtet insbesondere den Missbrauch der Position sowie die Überschreitung von Befugnissen durch den Psychotherapeuten oder des Personals von psychiatrischen Einrichtungen als problematisch, die für den Patienten und seine Angehörigen schädliche Folgen entwickeln. Kunstfehler und Verstöße gegen Menschenrechtsnormen sind in vielen psychiatrischen Einrichtungen auf der ganzen Welt verbreitet (Barthe, 2002).

Neben absichtlichen Kunstfehlern kommen in der Psychotherapie auch medizinische Fehler zum Tragen. Dieser Aspekt wird mit mangelnder Erfahrung und Kompetenz des Psychotherapeuten, dem Einfluss des psychiatrischen "Mainstreams" und einflussreicher psychiatrischer Schulen, aber auch der fehlerhaften Praxis lokaler medizinischer Einrichtungen in Verbindung gebracht (Barthe, 2002). Fehldiagnosen in der Psychotherapie haben häufig auch in den überlappenden Diagnosen (ICD 10) von Screening-Verfahren ihren Grund. Unter Überdiagnose wird insbesondere eine fehlerhafte medizinische Schlussfolgerung über das Vorhandensein einer Krankheit (oder deren Komplikationen) bei der untersuchten Person verstanden, die tatsächlich nicht existent oder weniger ausgeprägt ist als im medizinischen Bericht angegeben (Barthe, 2002).

In der Psychotherapie unterscheidet Barthe (2002) weiterhin zwischen fehlerhaften und voreingenommenen Diagnosen. Fälle des ersten Typs sind eine Folge unbeabsichtigter diagnostischer medizinischer Fehler, die in der Regel ohne externen Druck und ohne Begleitung eines schlechten Gewissens von Ärzten gestellt werden. Der Grund hierfür ist entweder der Mangel an Patienteninformationen oder die geringe fachliche Kompetenz des Arztes (Barthe, 2002), beispielsweise bei einer Verhaltensanalyse (Emmelkamp, 1988).
In der zweiten Gruppe von Fehldiagnosen, die sich auf psychische Störungen beziehen (voreingenommene Diagnose), ist die Fehldiagnose aufgrund nichtmedizinischer Faktoren getroffen worden. In Anbetracht solcher Fälle betonen die 1991 verabschiedeten UN-Grundsätze zum Schutz von Menschen mit psychischen Störungen: „Niemand kann für psychisch krank erklärt werden, der aus politischen, wirtschaftlichen, sozialen, kulturellen, rassischen oder religiösen Gründen als solcher diagnostiziert wird, aus Gründen familiärer Konflikte oder aus anderen Gründen, die nicht in direktem Zusammenhang mit dem Zustand seiner geistigen Gesundheit stehen" (Barthe, 2002).

Die Pilotstudie von Frenzl et al. (2020), in der 555 therapeutisch Tätige zu 100 verschiedenen, potenziell schädigenden Verhaltensweisen aus 12 Beschwerdekategorien befragt wurden, zeigte sich, dass im Mittel 24 verschiedene (Kunst)Fehler mindestens einmal im Verlauf der Therapie vorkamen, insbesondere aus den Bereichen Verletzung therapeutischer Basisvariablen, mangelhafte Diagnostik/Technikanwendung und mangelhafte Rahmenbedingungen. Um auf die in diesem Kapitel einleitende Definition von Pulverich (2000) zurückzugreifen, gilt die Psychotherapie als ein Eingriff in den physischen und psychischen Zustand des Menschen. Umso mehr zeigt sich anhand der Pilotstudie die Dringlichkeit mit der Auseinandersetzung der Fehlerthematik in der Psychotherapie. Autoren wie etwa Bieda et al. (2018), Brakemeier (2019), Gawlytta, Schwartze, Schönherr, Schleu und Strauß (2019), Haupt, Linden und Strauß (2012), Ladwig, Rief und Nestoriuc (2014), Linden und Strauß (2018), Strauß und Linden

(2018) sowie Strauß (2010) kritisieren an der Psychotherapieforschung die primäre Auseinandersetzung mit positiven Effekten und betonen die unvermeidliche Berücksichtigung von Fehlern in der Psychotherapie.

1.2 Arten von Kunstfehlern

Nach Mallach, Schlenker und Weiser (1993) gehören zu den häufigsten Kunstfehlern eines Psychotherapeuten:

- Selbstbestätigung während der Therapie;
- Arroganz gegenüber Patienten;
- Übertragung der eigenen Schwierigkeiten auf die Probleme des Patienten;
- Bewertung, Demütigung;
- doppelte (Mehrfach-, Rollen-) Beziehungen;
- die Probleme des Patienten als die eigenen erleben.

Kunstfehler, die das Überschreiten der "Grenzen" in der Beziehung zwischen Therapeut und Patient betreffen (Fliegel & Schlippe, 2005), können verschiedene Formen annehmen und werden unter den folgenden Kategorien systematisiert: "Zeit", "Ort und Raum", "Geld", "Geschenke", "Kleidung", "Sprache" sowie "physischer Kontakt".

Die entsprechenden Handlungen, die Grenzverletzungen darstellen und ethische Probleme nach sich ziehen, können beispielsweise in der folgenden Reihenfolge vorkommen: Im ersten Schritt erfolgt ein Übergang in der Kommunikation mit dem Patienten vom „Sie" zum „Du". Zweitens werden Gespräche persönlicher oder alltäglicher Art in den therapeutischen Dialog integriert. Des Weiteren wird Körperkontakt (z.B. Schulterklopfen, Umarmungen, Massage) aufgenommen. Im vierten Schritt werden Treffen außerhalb des Arbeitszimmers vereinbart. Dies können Sitzungen während des Mittagessens sein, mit und ohne Alkohol, oder Verabredungen zum Kinobesuch und zu anderen gesellschaftlichen Veranstaltungen, wie etwa private Feiern des Patienten. Fünftens findet sexueller Kontakt statt (Fliegel & von Schlippe, 2005).

Zu den Beispielen für verwischende Grenzen zwischen Therapeut und Patient sind auch alle Arten von "Dreiecksbeziehungen" zu rechnen (Fliegel & von Schlippe, 2005). Ein Beispiel hierfür wäre ein gemeinsamer Freund vom Therapeuten und des Patienten. Möglich wären auch komplexere Optionen, wenn beispielsweise ein Supervisor des Psychotherapeuten, der eine Gruppentherapiesitzung durchführt, einen jungen Therapeuten zusammen mit dessen Patienten zu einer Gruppe zusammenfasst (Behnsen et al., 2001).

Die Fragen der sexuellen Beziehungen im Prozess der Psychotherapie erregen besondere Aufmerksamkeit in der Gesellschaft. So sah sich S. Freud, der eine äußerst klare berufliche Position einnahm, die die Möglichkeit der sexuellen Ausbeutung von Klienten nicht zuließ, den Tatsachen einer Verletzung dieser Grundsätze durch einige seiner Schüler gegenüber. Einer seiner Gründe für die Abkehr von der psychoanalytischen Gemeinschaft C. G. Jungs waren die zahlreichen Fälle von sexuellem Zwang und sexueller Ausbeutung von Klienten (Löhr & Schmidtke, 2002).

Sponsel (2002) legt den Fokus bei seiner Auflistung möglicher Kunst- und Behandlungsfehlerarten in der Psychotherapie auf die Behandlung in Gänze. Er unterteilt diese in:

1. Fehler zu Behandlungsbeginn,

2. Mangelhafte Diagnostik, Therapieplanung und therapiebegleitende Evaluation,

3. Mangelnde Abklärung oder Kooperation,

4. Fehler gegen die Therapeutische Beziehung,

5. Mangelnde Reflexion, Supervision und Fortbildung,

6. Fehler als Verstoß gegen die Ergebnisse allgemeiner Psychotherapieforschung,

7. Fehler gegen das Persönlichkeitsrecht/Abstinenzgebot,

8. Fehler gegen Effizienz und Wirtschaftlichkeit.

1.3 Beispiele und Einschätzungen zur Vermeidung von Kunstfehlern

Medau, Jox und Reiter-Theil (2014) eröffnen einen weitergespannten Überblick als die bisher angesprochenen Autoren, wenn sie vier Kategorien von Therapiefehlern bilden, die in der Praxis vorkommen: Technische Fehler, Einschätzungsfehler, normative Fehler und Systemfehler. In dieser Arbeit liegt der Fokus auf den Einschätzungsfehlern, die in zwei Unterkategorien aufgeteilt werden, den Fehlern bei der Einschätzung der Indikation und den Fehlern bei der Einschätzung der Beziehung. Im Folgenden werden zwei Fallbeispiele vorgestellt, die jeweils durch eine Einschätzung und Vorschläge zur Vermeidung der Fehler eingeordnet werden.

Fall 1: Eine 24-jährige, verheiratete, intelligente, sehr verantwortungsbewusste, und äußerst attraktive Frau wandte sich an einen Psychotherapeuten und klagte über einen depressiven Zustand, der kurz nach der Geburt eines Kindes auftrat. Von den ersten Treffen an befremdete das Verhalten des Psychotherapeuten die Patientin. Bei einem der Treffen wurde sie gebeten, sich bis zur Taille auszuziehen. Er begründete seine Handlungen mit therapeutischer Notwendigkeit und nahm eine Reihe erotischer Berührungen am Körper der Patientin vor. Die Patientin musste die Therapie mit diesem Therapeuten abbrechen und nach anderen Möglichkeiten, psychotherapeutische Hilfe zu erhalten, suchen (Löhr & Schmidtke, 2002).

Einschätzung: Eine Indikation aufgrund des geschilderten Problems „depressiver Zustand" kann nicht erkannt werden. Stattdessen sind ethische Verhaltensprobleme des Psychotherapeuten in Bezug auf die Patientin zu erkennen. Angefangen von der Demütigung der Patientin (Kleidung ablegen) bis hin zum schwerwiegenden Grenzübertritt „physischer Kontakt" (vgl. Fliegel & Schlippe, 2005). Es hat keine Basis für eine vertrauensvolle Therapeut-Patienten-Beziehung gegeben. Es liegt eine Fehleinschätzung auf der Ebene der Beziehung vor (vgl. Fliegel & Schlippe, 2005; Sponsel, 2002). Der Kunstfehler hätte nur durch Ablehnung der Patientin und Weiterverweisung an einen anderen Therapeuten vermieden werden können. Der Therapeut hätte nach dieser Fehleinschätzung einer Supervision und einer Aufarbeitung der Fehleinschätzung bedurft (Margraf, 2009).

Fall 2: Der 18-jährige hübsche und gutmütige junge Mann, war verheiratet und hatte ein Baby. Vom behandelnden Arzt wurde er wegen einer psychosomatischen Erkrankung an einen Psychotherapeuten überwiesen. Nach der Sitzung bat der Psychotherapeut um eine Heimfahrt. Die Psychotherapie wurde im Auto fortgesetzt, auch dann noch, als das Auto bereits vor dem Haus des Therapeuten geparkt war. Während der Psychotherapie nahm der Patient den Therapeuten auf seinen Wunsch hin mit nach Hause. Ein anderes Mal wurde er in sein Haus eingeladen, wo er Wein angeboten bekam (Löhr & Schmidtke, 2002).

Einschätzung: Eine Indikation aufgrund des geschilderten Problems „psychosomatische Erkrankung" kann anhand der Fallschilderung nicht erkannt werden. Stattdessen sind ethische Verhaltensprobleme der Psychotherapeutin in Bezug auf den Patienten zu erkennen. In diesem Fall wird zum einen die Behandlung außerhalb des Arbeitszimmers fortgesetzt (im Auto des Patienten) und in den Wohnräumen von Therapeut und Patient, in einem Fall ist Alkohol im Spiel (vgl. Fliegel & Schlippe, 2005; Sponsel, 2002). Alle Grenzübertritte verwischen die Grenze zwischen Therapeut und Patient, statt der professionellen Ebene wird eine private Ebene eingezogen. Die Grenzüberschreitungen sind von dem Therapeuten ausgegangen. Es liegt eine Fehleinschätzung auf der Ebene der Beziehung vor (vgl. Fliegel & Schlippe, 2005; Sponsel, 2002). Für die Vermeidung des Kunstfehles hätten zwei Wege offen gestanden: Die Ablehnung des Patienten und Weiterverweisung an einen anderen Therapeuten oder eine begleitende Supervision des Therapeuten mit dem Fokus darauf, die professionelle Ebene nicht zu verlassen und diesem Fehlverhalten mit entsprechenden Methoden zu begegnen. Im ersten Fall hätte es nach der Fehleinschätzung der Beziehung im Anschluss auch einer Supervision und einer Aufarbeitung der Fehleinschätzung bedurft (Margraf, 2009).

Den Fällen gemeinsam ist ein Verstoß gegen die Ethik professioneller psychotherapeutischer Beziehungen (Mallach et al., 1993). Die ethischen Probleme der Psychotherapie werden in drei große Gruppen unterteilt (Löhr & Schmidtke, 2002):

1) ethische Probleme der Interaktion zwischen Psychotherapeuten;

2) ethische Verhaltensprobleme von Psychotherapeuten in Bezug auf Patienten;

3) ethische Verhaltensprobleme von Patienten gegenüber Psychotherapeuten.

Jeder Verstoß gegen ethische Standards führt zu negativen und destruktiven Konsequenzen. Der Klient erhält nicht die nachgesuchte Hilfe vom Psychotherapeuten, es entstehen Konflikte, die die Autorität der Berufsgruppe der Psychotherapeuten untergraben (Löhr & Schmidtke, 2002). Um diese Probleme in den Griff zu bekommen, ist für diese Berufsgruppe eine Aufsichtspraxis (Supervision) institutionalisiert.

Von vielen Fachgemeinschaften werden ethische Grundlagen der Psychotherapie entwickelt (Behnsen et al., 2001). Grundsätzlich schreiben sie alle vor, dem Patienten keinen Schaden zuzufügen; Suchtbeziehungen, die während der Therapie entstehen, nicht auszunutzen; nur im Rahmen der beruflichen Kompetenz zu handeln; sich nur auf die Zustimmung desjenigen Patienten zu verlassen, der die Essenz des Geschehens versteht und sich der möglichen Konsequenzen bewusst ist; sowie die Vertraulichkeitsbestimmungen einzuhalten. Allgemeine ethische Vorschriften werden beispielsweise bezüglich der Bedingungen einer Einzel- oder Gruppentherapie sowie der Forschung auf dem Gebiet der Psychotherapie weiter ausgearbeitet (Löhr & Schmidtke, 2002).

Um Fehler dieser ethischen Kategorien zu vermeiden, ist es notwendig, diese Vorkommnisse ständig zu analysieren und sie bei Besprechungen, Konferenzen usw. offen anzusprechen. Für die Vermeidung ist es wichtig, die Fehlerursachen zu finden und alle Maßnahmen zu ergreifen, um Wiederholungen zu vermeiden. Fehler zuzugeben erfordert Gewissenhaftigkeit und persönlichen Mut. Diese Eigenschaften sollten während der Ausbildung von Fachärzten an medizinischen Fakultäten gefördert werden wie auch eine Sensibilisierung für die Wichtigkeit ethischer Standards (Abeling, Müller, Stephan, Pollmann & Zwaan, 2018).

2 Horizontale Verhaltensanalyse nach dem SORKC-Modell

2.1 Horizontale Verhaltensanalyse

Die Verhaltensanalyse (manchmal auch Problemanalyse genannt) ist ein Kernelement der kognitiv-behavioralen Verhaltenstherapie, welche die Entstehung und Aufrechterhaltung einer psychischen Erkrankung erklären möchte. Dieses Verfahren dient der Bestimmung der situativen und individuellen Merkmale sowie der biographischen Lernerfahrungen, welche das Auftreten eines (problematischen) Verhaltens begünstigen, außerdem der Bestimmung von Konsequenzen der Symptome/des problematischen Verhaltens und der verstärkenden aufrechterhaltenden Faktoren für die Symptomatik (Bockwyt, 2020; Schneider, Weber-Papen & Vernaleken, 2010).

Die Verhaltensanalyse basiert auf dem lerntheoretischen SORKC-Modell nach Kanfer und Saslow (1974) und analysiert nach Bockwyt (2020) das Problem (Was ist das Problem?), die Situation (In welchen Situationen tritt das Verhalten auf?), das Verhalten (Welche Reaktionen treten auf?), die Bedingung (Was geht dem Verhalten voraus bzw. folgt ihm?) sowie die Funktion (Wozu dient das Verhalten?). Das problematische Verhalten wird in einer konkreten Situation auf einem zeitlichen Kontinuum betrachtet, weshalb diese Art der Verhaltensanalyse auch als Mikroanalyse oder horizontale Verhaltensanalyse bezeichnet wird (Abbruzzese & Kübler, 2013). Kanfer, Reinecker und Schmelzer (2012) nehmen an, dass jedes Problemverhalten durch ein komplexes Netz von Bedingungen ausgelöst und aufrechterhalten wird, das vorerst noch unbekannt ist und das es zu erschließen gilt.

Durch die Aufgliederung des Verhaltens und seines Kontextes in konstitutive Komponenten unterscheidet sich das horizontale Verhaltensmodell SORKC vom vertikalen Verhaltensmodell, das bei der Analyse der allgemeinen Ziele und Pläne ansetzt, um Verhalten zu beeinflussen. Hierbei stehen situationsübergreifende Verhaltensmuster und kognitive Schemata sowie die biographischen Lernerfahrungen im Vordergrund, die zu diesen Dispositionen geführt haben (Petermann, Reinecker & Bengel, 2005).

2.2 Das SORKC-Modell

Die zentralen Elemente der horizontalen Verhaltensanalyse sind nach Wälte und Borg-Laufs (2018) Situation, Organismus, Reaktion, Kontingenz und Konsequenz/Consequence, woraus sich die gängige Bezeichnung »SORKC-Modell« ableitet. Mit dem SORKC-Modell kann das Problemverhalten von Patienten untersucht werden, indem eine konkrete Situation in den Blick genommen wird, einschließlich der Voraussetzungen, die das beobachtete Verhalten auslösen und der Konsequenzen, die dem gezeigten Verhalten folgen (Schneider et al., 2010). Dabei wird nach Knappe und Härtling (2017) angenommen, dass das gezeigte Verhalten eine Funktion der vorausgehenden und nachfolgenden Bedingungen ist (s. Abb. 1).

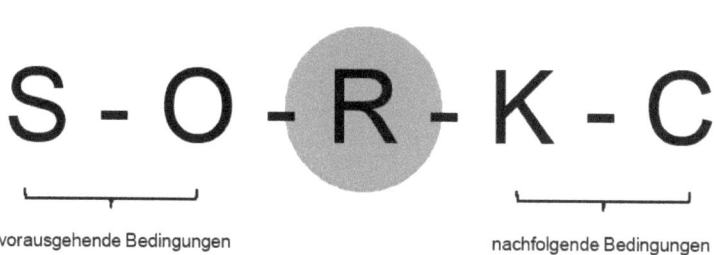

Abbildung 1: Horizontale Verhaltensanalyse nach dem SORKC-Modell
(Quelle: Neudeck & Mühlig, 2020)

Tuschen-Caffier und Gemmeren (2009, S.365; zitiert nach Abbruzzese & Kübler, 2013, S. 109 – 110) empfehlen in ihrem Leitfaden zur Durchführung einer Verhaltensanalyse nach dem SORKC-Modell folgende vier Schritte:

- „Schritt 1: Beschreibung des im Vorfeld mit dem Patienten definierten Problemverhaltens (Reaktion, R).
- Schritt 2: Identifikation der vorausgehenden, problemrelevanten Ereignisse (Stimulus, S).
- Schritt 3: Analyse der auf das Problemverhalten folgenden Konsequenzen («consequences», C), wie auch Festlegung der Kontingenzvariable K.
- Schritt 4: Exploration situationsübergeifernder, problemrelevanter Faktoren des Patienten (Organismus, O)."

Knappe und Härtling (2017), aber auch Petermann et al. (2005) empfehlen bei der Anwendung einer horizontalen Verhaltensanalyse nach dem SORKC-Modell mit der Verhaltenskomponente R zu beginnen, weil die Reaktion des Patienten unmittelbar beobachtbar ist, während alle anderen Variablen analytisch rekonstruiert werden müssen, weil sie Teil augenblicklich nicht präsenter Lebensvollzüge sind.

Im nachfolgenden Kapitel wird ein Fallbeispiel aufgeführt. Anhand dieses Beispiels werden die einzelnen Schritte des SORKC-Modells in Kapitel 2.3.2 erläutert. In Tabelle 1 findet sich eine Auflistung aller Modellvariablen und deren gängige Abkürzungen.

Gängige Abkürzungen	Komponente	Erklärung
S	Stimulus	Stimuli, die in der problemrelevanten Situation auf den Organismus einwirken
S_i	interner Stimulus	
S_e	externer Stimulus	
S^D	diskriminativer Stimulus, der mit Verstärkung assoziiert ist	
S^{Δ}	diskriminativer Stimulus, der mit Extinktion, d.h. dem Ausbleiben von Verstärkung assoziiert ist	
CS	konditionierter Stimulus	
UCS	unkonditionierter Stimulus	
O	Organismus	Situationsübergreifende biologische und psychologische Personenmerkmale, die das Problemverhalten begünstigen; die O-Variable bildet die Schnittstelle zur vertikalen Verhaltensanalyse
R	Reaktion	Problemverhalten auf kognitiver, emotionaler, physiologischer und motorischer Ebene
R_{kogn}	kognitive Reaktion	
R_{emot}	emotionale Reaktion	
R_{phys}	physiologische Reaktion	
R_{mot}	offen beobachtbare Reaktion	
K	Kontingenz	Regelhaftigkeit, mit der eine bestimmte Konsequenz auf ein bestimmtes Verhalten folgt (z.B. immer oder intermittierend)
C	Konsequenz	Veränderung, die auf das Problemverhalten folgt
Konsequenzarten		
C^+	Eintreten einer positiven Konsequenz	positive Verstärkung
C^-	Eintreten einer negativen Konsequenz	direkte Bestrafung Typ 1
$C^{\not+}$	Wegfall einer positiven Konsequenz	indirekte Bestrafung Typ 2 / Löschung
$C^{\not-}$	Wegfall einer negativen Konsequenz	negative Verstärkung
Zeitpunkt		
C_k	kurzfristige Konsequenz	
C_l	langfristige Konsequenz	
Entstehungsort		
C_i	interne Konsequenz	
C_e	externe Konsequenz	

Tabelle 1 (große Darstellung im Anhang): Das SORKC-Modell der Verhaltensanalyse
(Quelle: Meinlschmidt und Tegethoff, 2009; zitiert nach Abbruzzese & Kübler, 2013, S. 110)

2.3 Fallbeispiel

„Der Patient ist zum Zeitpunkt des Erstkontakts im psychiatrischen Ambulatorium 26 Jahre alt, verheiratet und Vater eines 2-jährigen Kindes. Die Lebenspartnerin des Patienten hat ihn zur psychotherapeutischen Behandlung überredet, da der Leidensdruck zusehends zunehme. Der Patient berichtet, dass ihn seine Arbeit als Biologe bei einer Pharmafirma überfordere. Grundsätzlich sei es ihm sehr wichtig, dass er seine Arbeit perfekt und fehlerfrei verrichte. Er leide bereits seit Jahren unter einem Waschzwang, der die letzten Monate zugenommen habe. Durch das viele Waschen seien seine Hände häufig stark gerötet, jucken, zeigen Ekzeme und bluten bisweilen sogar. In den letzten Jahren sei seine Stimmung immer schlechter geworden.

Er fühle sich häufig bedrückt, ausgelaugt und müde. Seit einigen Wochen habe der Patient das Gefühl, er dekompensiere langsam.

Der Waschzwang sei aus einer großen Angst vor einer Kontamination mit Würmern entstanden: Er habe als Jugendlicher nach einem kurzen Auslandsaufenthalt eine Wurminfektion erlitten. Damals habe er sich ausführlich über Wurmerkrankungen informiert und gelesen, dass es Parasiten gäbe, bei denen man erst Jahre nach der Infektion merke, dass man krank sei und dass man letztlich unweigerlich daran sterbe. Diese Vorstellung, regelrecht von innen aufgefressen zu werden, löse in ihm einen enormen Ekel aus. Er müsse sich daher immer vergewissern, dass alles sauber sei. Er könne zur Zeit weder Salat noch rohes Gemüse essen, weil er nie sicher sei, ob die Nahrungsmittel sauber gewaschen seien. Er habe bereits früh von seiner Mutter gelernt wie wichtig es sei, hygienisch zu sein. Bereits als Kind habe er sich die Hände vor dem Essen ausgiebig gewaschen und desinfiziert. Bei ihnen zu Hause sei es immer äußerst sauber gewesen. Umso mehr habe ihn damals die Wurmerkrankung im Jugendalter beelendet, da er bis heute denke, dass er diese durch ein hygienischeres Verhalten hätte vermeiden können" (Abbruzzese & Kübler, 2013).

2.3.1 Diagnostische Beurteilung nach ICD-10

Die Symptomatik des Fallbeispiels liefert nach Abbruzzese und Kübler (2013) die folgende Einschätzung für die Diagnose: Es finden sich Kriterien, die auf eine Zwangsstörung verweisen, die sowohl von Zwangsgedanken als auch von Zwangshandlungen begleitet sind. Weiterhin ergibt das Situationsbild Hinweise auf eine Phobie, die näher spezifiziert werden kann und als weiteres Merkmal von Komorbidität lässt sich eine depressive Phase konstatieren. Es findet sich weiterhin eine Grundkonstante für die Entwicklung des Symptombildes, die in der Überprotektion der Mutter gesehen werden kann.

Einordnung in die ICD10 (International Statistical Classification of Diseases and Related Health Problems) nach dem Bundesinstitut für Arzneimittel und Medizinprodukte (BfArM) im Auftrag des Bundesministeriums für Gesundheit (BMG) unter Beteiligung der Arbeitsgruppe ICD des Kuratoriums für Fragen der Klassifikation im Gesundheitswesen [KKG] (2020):

    (ICD-10 F42.2) Zwangsstörung mit Zwangsgedanken und -handlungen, gemischt

    (ICD-10 F40.2) spezifische Phobie

    (ICD-10 F32.1) mittelgradige depressive Episode

    (ICD-10 Z62.1) elterliche Überprotektion

2.3.2 Verhaltensanalyse am Fallbeispiel

Die in Kapitel 2.2 genannten Schritte des SORKC-Modells werden in diesem Teil der Arbeit an dem beschriebenen Fall (siehe Kapitel 2.3) erläutert. Die Übersicht der hier angewandten Abkürzungen findet sich in Tabelle 1.

Schritt 1 «Verhaltensvariable R»
Zu Beginn einer Verhaltensanalyse wird nach Tuschen-Caffier und Gemmeren (2009) das aus dem Beispiel ersichtliche Problemverhalten des Patienten beschrieben (Reaktion, R). Das Problemverhalten im Bericht entspricht seiner eigenen Definition. Der Patient ordnet sein Verhalten als Waschzwang ein. Diese Erkenntnis bzw. Kognition seiner Reaktion wird als R_{kogn} gekennzeichnet. Gleichzeitig erkennt er seine Überforderung am Arbeitsplatz, eine weitere Kognition seiner Reaktion (R_{kogn}). Seine Stimmung beschreibt er als bedrückend, ausgelaugt, müde und in der Tendenz sich verschlechternd. Das zur Reaktion gehörige Gefühl wird als R_{emot} bezeichnet. Als starke Emotionen gibt er Angst (vor Kontamination mit Würmern) an, Ekel vor der Todesart, von innen von parasitären Würmern zerfressen zu werden, was einem weiteren, mit der Reaktion verbundenen Gefühl entspricht (R_{emot}). Die von ihm erlittenen körperlichen Auswirkungen des Waschzwangs betreffen die Hände. Die Auffälligkeiten sind starke Rötungen, Ekzeme sowie Jucken bis hin zum Bluten, ein körperlicher Begleitumstand der Reaktion, bezeichnet mit R_{phys}. Eine offen beobachtbare Reaktion (R_{mot}) ist sein Säubern der Hände mit einem Papiertaschentuch sowie der Versuch, sich nicht mehr zu berühren. Seine Anwendung hygienischen Verhaltens dient der Erreichung von Sauberkeit, die gleichzeitig mit Sicherheit konnotiert ist (Abbruzzese & Kübler, 2013; Frank & Frank, 2009).

Schritt 2 «Stimulusvariable S»
Im zweiten Schritt werden die Stimulationsvariablen betrachtet. Diese gehen den problemrelevanten Ereignissen voraus (Stimulus, S) (Knappe & Härtling, 2017). Ihre Identifikation betrifft sowohl die internen (S_i) als auch die externen Stimuli (S_e) (Meinlschmidt & Tegethoff, 2009). Der aus dem Fallbeispiel heraus zu extrahierende externe Stimulus bezieht sich auf Salat und rohes Gemüse, beides könne der Patient nicht essen, weil er nie sicher sei, ob die Nahrungsmittel sauber gewaschen seien (S_e) (Abbruzzese & Kübler, 2013). Hautzinger (2011) geht bei seiner Betrachtung der Stimulusvariable hauptsächlich auf den funktionalen Zusammenhang zwischen S und R ein, der klassisch konditioniert (CS), unkonditioniert, d.h. reflektorisch, biologisch determiniert (UCS) oder durch Reizdiskriminationslernen vermittelt sein kann. Als diskriminativer Hinweisreiz kann S das Problemverhalten sowohl fördern oder hervorrufen (S^D) als auch hemmen und verhindern (S^Δ). Im Fallbeispiel erhält S den konditionierten Stimulus „Würmer" (CS), die der Klient seit dem Vorfall als Jugendlicher, in dem er eine Wurminfektion erlitten habe, mit Angst verbindet. Die damalige Infektion (UCS) sorgte dafür, dass der Klient

sich über Wurmerkrankungen ausführlich informierte (diskriminativer Hinweisreiz), was sein Problemverhalten fördert (S^D).

Die bisherigen zwei Schritte lassen sich vereinfacht nach dem Schema der klassischen Konditionierung darstellen.

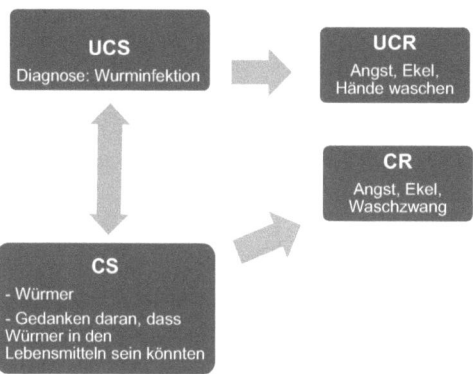

Abbildung 2: Mechanismen der klassischen Konditionierung am Fallbeispiel
(Quelle: Eigene Darstellung)

Schritt 3 «Konsequenzvariable C» und «Kontingenzvariable K»

Im dritten Schritt werden die sich aus der Analyse ergebenden Konsequenzvariablen und Kontingenzvariablen ermittelt, die auf das Problemverhalten folgen (Konsequenz C und Kontingenz K). Es werden das Eintreten und der Wegfall von Verhaltenskonsequenzen abgeprüft, ebenso, ob es sich um kurzfristige oder langfristige Konsequenzen oder um interne oder externe Konsequenzen handelt. Untersucht wird, ob die ermittelten Konsequenzen Auswirkungen auf Frequenz, Intensität, Zeitpunkt und Dauer des problematischen Verhaltens haben. Auch die Stabilität kann einen Faktor darstellen (Neudeck & Mühlig, 2020). Die als Ereignis identifizierten Verhaltenskonsequenzen werden nach Neudeck und Mühlig (2020) drei Dimensionen zugeordnet: Dem Zeitpunkt des Eintretens (kurzfristig/langfristig), dem Ort der Entstehung (intern$_{Selbst}$/extern$_{Umwelt}$) und der Qualität der Konsequenz (positive Verstärkung/negative Verstärkung). Tritt ein Ereignis mit hoher Wahrscheinlichkeit sofort ein, wird eine hohe Kontingenz (K_h) attestiert, tritt es zeitlich verzögert auf, wird eine geringe Kontingenz (K_g) angenommen.

Verwendete Symbolzuordnungen der Verhaltenskonsequenzen nach Frank und Frank (2009) sowie Neudeck und Mühlig (2020) in ihrer Abfolge:

Dimension 1: Der Zeitbezug
Kurzfristige Konsequenzen C_k

16

Langfristige Konsequenzen C_l

Dimension 2: Ort der Entstehung
    Intern mit Selbstbezug   intern$_{Selbst}$
    Extern mit Umweltbezug   extern$_{Umwelt}$

Dimension 3: Verschiedene Formen von Konsequenzen
    Eintreten C_+ / C_-
    Wegfall   ~~C_+ / C_-~~

Die Ausführungen zum Fallbeispiel hierzu finden sich in Tabelle 2.

Schritt 4 «Organismusvariable O»

Im vierten Schritt findet die Exploration der situationsübergeifernden Faktoren statt, sofern sie als problemrelevant eingestuft werden. (Organismus, O). Hier werden die Grund- und Kontroll-überzeugungen des Patienten aufgenommen, ebenso wie die Persönlichkeitsmerkmale und das Selbstkonzept. Auch das Hindernis als Überzeugungskomponente kann Berücksichtigung finden (Zaby & Heider, 2011). Nach Zaby und Heider (2011) hat die O-Variable noch eine besondere Bedeutung, die über die horizontale Verhaltensanalyse hinausgeht. Sie kann als eine Schnittstelle fungieren zwischen eben der horizontalen und der vertikalen Verhaltensanalyse.

Alle Ergebnisse der horizontalen Verhaltensanalyse anhand eines in der Literatur auffindbaren Fallbeispiels sind in die untenstehende Tabelle eingetragen worden. Das SORKC-Modell findet sich in der ersten Zeile abgebildet durch S (Situation), O (Organismus), R (Reaktion), C (Konsequenzen) und K (Kontiguität). In den darunter eingetragenen Ergebnissen der Analyse werden auch die Symbole aufgeführt. Im ersten Schritt wurden die Reaktionen eruiert, im zweiten Schritt die Situationen. Der dritte Schritt hat die Konsequenzen und die Kontiguitäten erfasst und im vierten Schritt sind die Ergebnisse zum Organismus eingetragen worden. So gibt die Tabelle nicht nur die Grund- und Kontrollüberzeugungen von Patienten wieder, sondern auch die Verhaltenskonsequenzen. Ebenso sind im Stimulationsverhalten die relevanten und erfahrbaren Auslöser zusammengefasst, wie sich in den Reaktionen das Problemverhalten darstellt.

Stimulus	S_e	Bei Berührung von Salat und rohem Gemüse droht Gefahr durch Verschmutzung (extern$_{Umwelt}$)
	S^D	Ausführliches Informieren über Wurmerkrankungen
	CS	- Würmer - Gedanken daran, dass Würmer in den Lebensmitteln sein könnten
	UCS	Bei Auslandsaufenthalt Wurmerkrankung zugezogen
Organismus		*Grundüberzeugung:* - Unsichtbare und tödliche Gefahr durch Parasiten an Rohkost - Unterschiedliche Sauberkeitsstandards (Zuhause/Ferienort Ausland) stellen Diskrepanz dar, die zur erlittenen Wurminfektion geführt habe - Kontrollüberzeugung: hygienisches Verhalten als Sicherheitsmassnahme. *Persönlichkeitsmerkmal:* Hang zum Perfektionismus, perfektes, fehlerfreies Arbeiten *Hindernis:* Perfektionismus gegenüber potentiell verschmutzen Nahrungsmitteln nicht möglich *Selbstkonzept:* - Kein ausreichendes S-konzept für unhygienische Zustände gefunden - Übernahme des nur äußerlich anwendbaren H-konzeptes seiner Mutter, erweist sich für innere Probleme als unzureichend *Vorübergehende und überdauernde physiologische Zustände:* Starkes physiologisches Arousal bei Gedanken an Würmer
Reaktion	R_{kogn}	- Waschzwang - Überforderung durch die Arbeit als Biologe bei einer Pharmafirma
	R_{emot}	- fühlt sich häufig bedrückt, ausgelaugt, müde - Stimmung wird schlechter - starke Angst - Ekel - Aggression
	R_{phys}	- Hände sind stark gerötet, jucken, zeigen Ekzeme und bluten bisweilen - Anspannung, erhöhter Puls, Schwitzen, Muskelverspannungen im Nacken- und Rückenbereich
	R_{mot}	hygienisches Verhalten, um Sauberkeit zu erreichen
Konsequenzen	C_{+k}	*Eintreten positiv und kurzfristig:* - wiederkehrende Abwehrmaßnahme - Säuberung in kurzfristiger Abfolge
	C_{-l}	*Eintreten negativ und langfristig:* langfristiges Stimmungstief durch wiederkehrende Auslösesituationen
	C_-	*Eintreten negativ:* sichtbare, verletzte Hände durch extensives Waschen
	$\cancel{C_-}$	*Wegfall negativ:* - Durch hygienisches Verhalten wird eine kurzfriste Entspannung C_{+k} erreicht - Infektionsangst nimmt etwas ab
Kontiguität	K_h	Ereignisse haben eine hohe Kontingenz (gemeint sind jegliche oben aufgeführte Konsequenzen)

Tabelle 2: Horizontale Verhaltensanalyse nach dem SORKC-Modell am Fallbeispiel (vgl. hierzu Tab.1 und Abb. 2)
(Quelle: Eigene Darstellung in Anlehnung an Abbruzzese & Kübler, 2013, S. 113)

3 Das Erstgespräch in einer Therapie

3.1 Allgemeine Anforderungen an das Erstgespräch

In der Psychotherapie ist das Erstgespräch von wesentlicher Bedeutung. Es stellt die Grundlage für die gesamte Therapie und seine Qualität dar, sein Gelingen ist sicherlich eine Bedingung für den späteren Therapieerfolg (vgl. z.B. Kircher, 2013; Schultze, 2000; Wilke, 1992). Mit ihrem Leitfaden für das Erstgespräch nehmen Wendisch und Neher (2003) einen wichtigen Aspekt für den Erfolg von Therapien und ihren Einzelelementen, den therapeutischen Sitzungen, in den Blick, insbesondere konzentrieren sie sich auf die Verhaltenstherapie. Dabei wird der Therapieverlauf in engem Zusammenhang mit der Qualität der Patienten-Therapeuten-Beziehung gesehen.

Sie verweisen darauf, dass in diesen ersten Begegnungen – und es kann sich hier um die ersten Minuten des Gesprächs handeln – das Vertrauensverhältnis entsteht oder misslingt. Der zweite, wichtige Aspekt betrifft den Abbau von Vorbehalten gegen die Therapie an sich. Gelingt eine solche Anfangssequenz, sind die Voraussetzungen gegeben für die Vertrauensbildung mit der Folge, eine voraussetzungslose, akzeptierende und neutrale Gesprächsgrundlage zu schaffen, die eine verständnisvolle Behandlung erwarten lässt (Wendisch & Neher, 2003).

Kommt kein Verständnis zwischen Therapeut und Patient zustande, ist auf Seiten des Therapeuten-suchenden-Patienten meistens der Fall eingetreten, dass er kein Vertrauen fassen konnte und daher nicht in der Lage ist, sich für den therapeutischen Prozess zu öffnen (Nemeskeri & Stumm, 2018). Auf Seiten des Therapeuten kann es dazu kommen, dass keine genügend große Empathie für den Patienten aufgebracht werden kann (Frank & Frank, 2009). Eine solche therapeutische Verbindung sollte nicht zustande kommen. Gleichzeitig wird deutlich, dass das Erstgespräch einen prägenden Einfluss auf den gesamten Therapieverlauf nimmt (Rechenberger, 1974).

Nemeskeri und Stumm (2018) betrachten die Herangehensweise eines Erstgespräches ähnlich der von späteren Therapiesitzungen. Sie ziehen dabei eine offene Exploration im personenzentrierten Sinn einer systematischen Anamnese vor. So bekommt der Patient einen Einblick in die personenzentrierte Arbeitsweise und der Psychotherapeut einen ungesteuerten Eindruck vom Patienten. So kann das Erstgespräch auch als eine Modellsituation betrachtet werden, insbesondere bezüglich der Frage, ob der Patient auf das Beziehungsangebot des Psychotherapeuten mit andauernder oder zunehmender Selbstexploration reagiert (Nemeskeri & Stumm, 2018).

Es ist unstrittig, dass es einen Zusammenhang zwischen der Therapiebeziehung und dem Erfolg der Behandlung gibt. Dieses Ergebnis wurde viele Male empirisch bestätigt. So zeigen verschiedene Metaanalysen zu diesem Thema auf, dass der Therapieerfolg von der Qualität der Beziehung zwischen Therapeut und Patient beeinflusst wird. Die Studien von Flückiger, Del Re, Wampold, Symonds und Horvath (2012), Horvath, Del Re, Flückiger und Symonds (2011) sowie Martin, Garske und Davis (2000) geben dazu einen Überblick.

3.2 Ziele in einem Erstgespräch

Wendisch und Neher (2003) haben sich der Bedeutung des Erstgesprächs angenommen und einen Leitfaden für die Therapeuten entwickelt, die ihnen einen Ablauf an die Hand geben, um die Besonderheiten des Erstgesprächs zu meistern. Zu diesen Aspekten gehört auch, dass Patienten im Erstgespräch oftmals zu einer größeren Offenheit fähig sind, die jedoch nachlassen kann, wenn im Therapieverlauf konkrete Veränderungen anstehen.

Um ein Erstgespräch erfolgreich abzuschließen, ist es wichtig, die Ziele genau zu kennen. Die folgende Auflistung zeigt wichtige Ziele auf, die das Erstgespräch erreichen sollte (Wendisch & Neher, 2003):

- Aufbau einer vertrauenswollen Therapeuten-Patienten-Beziehung
  - o Aufklärung des Patienten über den Prozess und Gabe von relevanten Informationen für die Therapie
  - o Besprechung und Klärung der Problemsituation und der Ziele der Behandlung
  - o Abklären, welche Erwartungen der Patient an eine Psychotherapie hat
  - o Präferenz der Entwicklung einer tragfähigen Beziehung vor der Erhebung von Patienteninformationen
- Beurteilung der Ausgangssituation durch den Therapeuten unter der Maßgabe, ob die Psychotherapie die richtige Maßnahme darstellt und zweitens, ob zusätzliche Maßnahmen angeraten sind im eruierten Kontext.
- Gemeinsame Entscheidung über die Aufnahme der Psychotherapie

Frank und Frank (2009) sowie Kandale, Uwer und Jacobi (2017) unterscheiden zwischen den Zielen und Ansprüchen des Therapeuten und den des Patienten an ein Erstgespräch. Frank und Frank (2009) kommen in ihrer Auflistung zu einer Differenzierung von Informations-, Beziehungs- und Interventionsfaktoren. Die Ziele in einem Erstgespräch eines Therapeuten und auch Patienten teilen sich in fünf verschiedene Kategorien auf:

- „Informationen, die der Therapeut über die Person und die Problematik des Patienten benötigt,
- Informationen, die an den Patienten weitergegeben werden,
- Maßnahmen zum Aufbau einer guten emotionalen Beziehung zum Patienten,
- Maßnahmen zum Aufbau einer guten therapeutischen Beziehung,
- Interventionsmöglichkeiten des Therapeuten" (Frank & Frank, 2009, S. 479).

Die nächste Abbildung zeigt die Ausarbeitung der Ziele an ein therapeutisches Erstgespräch nach Frank und Frank (2009). Diese ist so ausführlich, dass sie übergreifend die genannten Ziele von Kandale et al. (2017) aufgreift und dahingehend auf eine zusätzliche Nennung der Ziele nach Kandale et al. (2017) verzichtet wird.

Aufgaben des Therapeuten

- Informationssuche des Therapeuten
  - Gründe und Anlass für Behandlungswunsch, Therapiemotivation und -erwartungen des Patienten
  - Erfassung der aktuellen Symptomatik und des bisherigen Verlaufs; Erstellung einer Verdachtsdiagnose und Abklärung der wichtigsten diagnostischen Kriterien
  - Behandlungsmöglichkeit klären und frühzeitig entscheiden
  - Erfassung zentraler problemspezifischer Konzepte, Überzeugungen und Ziele des Patienten
  - Erfassung allgemeiner Konzepte, Werte und Ziele des Patienten
  - Erfassung vorhandener Ressourcen und Kompetenzen des Patienten
- Informationsweitergabe an den Patienten
  - Informationen/Erklärungen zur Symptomatik und zum Krankheitsverlauf
  - Vermittlung allgemeiner Prinzipien der Behandlung
  - Informationen zum weiteren Ablauf und Klärung organisatorischer Fragen
- Aufbau einer guten emotionalen Beziehung
  - Emotionale Nähe zum Patienten vermitteln und sein Leiden nachempfinden
  - Patienten und seine Probleme ernst nehmen
  - Vertrauen und Offenheit beim Patienten erzielen
  - Patient muss sich verstanden fühlen
  - Glaubwürdigkeit des Therapeuten
  - Wertfreiheit
  - Unterlassung von Schuldzuweisungen o. Ä.
- Aufbau einer guten therapeutischen Beziehung
  - Kompetenzzuschreibung bzw. -erwartung erhöhen
  - Vermittlung therapeutischer Erfahrung
  - Hohe Plausibilität, Kompatibilität und Nichtfalsifizierbarkeit der Äußerungen bzw. Erklärungen des Therapeuten
  - Hohe Transparenz
  - Sicherheit des Auftretens
  - Negativen Vorurteilen des Patienten entgegenwirken
  - Äußeres Erscheinungsbild, nonverbale Äußerungen und allgemeines soziales Verhalten des Therapeuten
- Erste therapeutische Interventionen
  - Vorbereitung des Patienten auf spezielle störungsspezifische Behandlungskonzepte
  - Veränderung ungünstiger kognitiver Konzepte des Patienten
  - Förderung einer aktiven und selbstverantwortlichen Rolle des Patienten in der Therapie
  - Gezielte Beeinflussung der Perspektivität des Patienten, Motivation zur Behandlungsfortsetzung
  - Falls hier keine weitere Behandlung möglich: plausible und entpathologisierende Erklärung sowie Vermittlung von Alternativen
  - Falls Verdacht auf Suizidgefährdung: adäquate Versorgung sicherstellen

Abbildung 3 (große Darstellung im Anhang): Ziele in einem therapeutischen Erstgespräch
(Quelle: Frank & Frank, 2009, S. 479)

Das Erstgespräch dient dazu, die Rollen im Therapeut-Patient-Verhältnis klar zuzuordnen und zur Basis der Behandlung zu machen. Die in den Anfangssequenzen bestehenden Unsicherheiten oder gar Irritationen erhalten auf diese Weise einen festen Rahmen, der Gesprächsanteil über die Erwartungen trägt zur weiteren Klärung bei (Knappe & Härtling, 2017). Für den Ablauf geben Wendisch und Neher (2003) die nachfolgende Vorgehensweise an:

1. Begrüßung
2. Aktueller Anlass
3. Störungsanalyse und Vorbehandlungen
4. Biographie
5. Erwartungen
6. Abschlusssituation

Die Begrüßung ist nicht unwesentlich. Sie sollte die Vorstellung der eigenen Person des Therapeuten ebenso enthalten wie den Einblick in die Therapieeinrichtung für den Patienten. Mit der Aufklärung über die Ziele des Erstgesprächs können die Erwartungen des Patienten einen Rahmen erhalten. Sind diese Bereiche abgesteckt erhält der Patient die Möglichkeit, selbst erste Fragen zu stellen (Frank & Frank, 2009; Kandale et al., 2017; Wendisch & Neher, 2003).

Im nächsten Schritt wird der aktuelle Anlass abgeklärt, der den Patienten zum Therapeuten geführt hat wie auch der Weg, auf dem er zur Einrichtung gefunden hat (Frank & Frank, 2009; Nemeskeri & Stumm, 2018; Wendisch & Neher, 2003).

Die Störungsanalyse und ggf. Vorbehandlungen werden im Anschluss herausgearbeitet. Der Patient erhält Gelegenheit über seine Symptome zu sprechen und auch den Verlauf oder die Entwicklung, die Auffälligkeiten genommen haben. Dabei spielt es eine wichtige Rolle, dass der Patient seine eigenen Erklärungen für seine Symptomatik vorstellen kann und sich zu den Maßnahmen äußert, mit denen Veränderungen angestrebt waren sowie ggf. den Behandlungserfolgen (Nemeskeri & Stumm, 2018; Wendisch & Neher, 2003).

Der nächste Part beschäftigt sich mit der Biografie des Patienten und stellt den Bezug zur aktuellen Lage her. Hierzu zählen auch prägende Erlebnisse, Traumatisierungen und Ereignisse mit besonderer Bedeutung (Kandale et al., 2017; Knappe & Härtling, 2017; Nemeskeri & Stumm, 2018; Wendisch & Neher, 2003).

Mit den Erwartungen des Klienten an die Therapie wird sich ausführlich beschäftigt. So fallen in diesen Bereich die vorläufige Formulierung des Behandlungsauftrages und die Klärung der Erwartungshaltung des Klienten. Im Zuge dieses Gesprächsanteils sollte auch angesprochen werden, wenn sich beim Patienten ungünstige Erwartungshaltungen zeigen. Beispiele zeigen, dass Einstellungen, die eine andere Person als behandlungsbedürftig empfinden, sich selbst nicht verändern wollen oder die Verantwortung für das Zufriedenwerden dem Therapeuten überlassen wollen, schlechtere Erfolgsaussichten haben (Frank & Frank, 2009; Wendisch & Neher, 2003).

Nach den Erwartungen wird die Abschlusssituation eingeleitet. Abzuklären sind, ob der Patient noch etwas Wichtiges anführen möchte, da er nur in diesem Fall auch an sein eigenes Ziel kommt und für seine Seite einen Abschluss finden kann. Mit der Besprechung des weiteren Vorgehens wird die Behandlung in der nächsten Sitzung aufgenommen. Statt einer definitiven Vereinbarung kann auch eine Bedenkzeit eingeräumt werden und ein Telefontermin als nächster Kontakt verabredet werden. Weiterhin können Erstgespräche auch lebensgefährdende Situationen offenbaren, wie einen Suizidwunsch. Hier sollte deutlich werden, dass auch im Erstgespräch Verantwortung für den Patienten übernommen wird, selbst wenn keine weitere Behandlung erfolgt, sind entsprechende Vorkehrungen zu treffen von schriftlicher Dokumentation über Fachaufsicht bis hin zur Verständigung eines Notarztes (Wendisch & Neher, 2003).

Mit der Nachbereitung des Erstgesprächs verbindet sich für den Therapeuten eine Beziehungsanalyse, die erste Eindrücke aus dem Therapeuten-Patient-Erstgespräch festhalten. Auch eine Supervision kann angebracht sein, zumal wenn es sich im Therapieverlauf um komplexere Interaktionen handeln wird (Wendisch & Neher, 2003).

3.3   Identifikation von Fehlerquellen

Bereits im Jahr 1953 merkte Jaspers an: „Psychotherapie ist heute zu einer Sache fast aller Menschen geworden. Zwar ist sie erwachsen auf ärztlichen Boden. Aber sie hat sich von ihrem Ursprung losgelöst ... Wer sich in psychotherapeutische Behandlung begeben will, *sollte wissen, was er tut und was er zu erwarten hat*" (Jaspers, 1953; zitiert nach Strauß, 2010, S. 1). Dieses Zitat verdeutlicht, dass die Psychotherapie fehlerbehaftet ist. Eine sehr wichtige Rolle nimmt daher das psychotherapeutische Erstgespräch ein, denn an diesem Punkt der Psychotherapie wird einiges entschieden (siehe Abb. 2) und begangene Fehler können große Konsequenzen nach sich ziehen.

Die einzelnen Therapeut-Patient-Gespräche verlaufen unterschiedlich. Um Fehlerquellen zu identifizieren, die den Therapiebeginn verhindern oder stören können und den Erfolgsverlauf beeinträchtigen, werden zwei große Bereiche abgegrenzt, innerhalb derer potenzielle Fehlerquellen aufgeführt werden können:

- Aufbau einer vertrauensvollen Therapeuten-Patienten-Beziehung

- Beurteilung der Ausgangssituation durch den Therapeuten

Der Aufbau des Vertrauens zwischen Patient und Therapeut kann im Erstgespräch nach Sachse (2016) von einer Offenheit des Patienten profitieren, der sich zur Therapie entschlossen und Erwartungen gebildet hat. Nutzt der Therapeut im Erstgespräch diesen Spielraum nicht, finden sich in den späteren Sitzungen selten gleichgroße Möglichkeiten (Sachse, Fasbender & Sachse, 2011). Zum Vertrauensaufbau zählt auch die Zuweisung der Rollen von Patient und Therapeut, so dass ein Rahmen gegeben ist und Sicherheit für den Prozess hergestellt wird (Frenzl et al., 2020). Fehlt eine solche Zuweisung, kann es zu Grenzverletzungen kommen, die den Therapieverlauf stören oder hinfällig werden lassen (Fliegel & Schlippe, 2005).

Eine weitere Fehlerquelle ist in der Empathie des Therapeuten gegenüber dem Patienten zu sehen. Ist sie nicht umfangreich genug, ist statt einer Aufnahme der Behandlung eine Weiterverweisung des Patienten zu einem anderen Therapeuten einzuleiten respektive anzubieten. Weiterhin kann sich ein Fehler aus einer fehlenden Nachfrage resultieren, die den Patienten darauf hinweist, ob das Wichtigste von seinem Anliegen zur Sprache gekommen sei. Erst wenn dieser Punkt im Erstgespräch erreicht wird, stellt sich beim Patienten ein zufriedenes Gefühl ein (Sachse et al., 2011).

Im zweiten Bereich kann es zu Diagnosefehlern durch eine Fehlbeurteilung der Ausgangssituation im Erstgespräch durch den Therapeuten kommen. Hier kann eine Supervision angeschlossen werden, die eine Überprüfung der Einschätzungen leistet (Strauß, 2010).
Unerwünschte und problematische Effekte bei Psychotherapien sind in der Übersicht von Caspar und Kächele (2008) aufgenommen worden, die auf das Erstgespräch übertragbar sind:

- Nichtaufnahme eigentlich Erfolg versprechender Therapien,
- Passungsprobleme (Beziehung, Therapiekonzept, persönliche Merkmale wie Alter, kulturelle Passung),
- Suboptimales Vorgehen,
- Überstarke Aktivierung persönlicher Anteile des Therapeuten,
- Missbrauch.

Es lassen sich viele Fehlerquellen identifizieren, die auf eine der hier genannten Klassifikationen zurückzuführen sind. Wie bereits in diesem Kapitel einleitend erwähnt, können Fehlern mit Beginn der Psychotherapie, genauer dem Erstgespräch, Konsequenzen folgen, die im nachfolgenden Kapitel näher erläutert werden.

3.4   Mögliche negative Konsequenzen

Zu den negativen Konsequenzen, die sich durch eine aufgenommene therapeutische Behandlung nach dem Erstgespräch ergeben können, findet sich an erster Stelle der Abbruch der Therapie durch den Patienten, die ihn erst einmal mit seinem Problem allein lässt und seiner Biographie eine weitere Negativerfahrung hinzufügt (Nemeskeri & Stumm, 2018). In der

Pilotstudie von Medau, Jox, Dittmann und Reiter-Theil (2012) berichten Psychotherapeuten aus der Praxis und merken an, dass eine Offenlegung von Fehlern den Klienten verunsichern, die Vertrauensbeziehung schädigen und sogar dazu führen, dass die Therapie nicht fortgesetzt werden kann. Diese Konsequenzen, insbesondere der Therapieabbruch können beim Patienten Hoffnungslosigkeit und Motivationseinbrüche auslösen, sodass er sich z.b. nicht auf die Suche nach einem weiteren Therapeuten begibt (Ladwig et al., 2014). Führt ein Erstgespräch nicht zum erwünschten Erfolg, besteht die Möglichkeit, dass der Patient dies als ersten Rückschlag wertet und es somit zu einer Problemaktualisierung sowie Angsterweiterung kommt (Ladwig et al., 2014).

Aber auch auf der Therapeutenseite können die anfänglichen Defizite zu erfolglosen Therapieverläufen führen, wenn beispielsweise die Erwartungen beider Seiten nicht adäquat berücksichtigt werden konnten und die vereinbarten Ziele nicht erreicht werden (Zaby & Heider, 2011). Zudem gelingt es nicht jedem Therapeuten zu einem späteren Zeitpunkt „Brüche in therapeutischen Beziehungen zu reparieren" (Strauß, 2010, S. 6). Werden über seine Leistungen Statistiken geführt, steht er in der Gefahr, bei den weniger zielführenden Therapeuten gelistet zu werden.

Überhaupt können Fehlerquellen und Unzulänglichkeiten unterschiedliche Konsequenzen nach sich ziehen, etwa Verfehlen der Therapieziele, unerwünschtes Erreichen von Zielen, Schäden durch die Therapie, dem Therapieerfolg abträgliche Inkongruenzen zwischen Patient und Therapeut und nicht zuletzt eben eine unethische Vorgehensweise bzw. Verhaltensweise des Therapeuten (Hoffmann et al., 2008).

Jenseits dieser Risiken einer Behandlung tun sich immer noch Unterschiede in der Effektivität der Behandlung auf, insofern eine vollständige, befriedigende Zielerreichung verfehlt werden kann, was sicherlich auch an mangelnder wissenschaftlicher Qualifikation liegen kann (Strauß, 2010).

Literaturverzeichnis

Abbruzzese, E. & Kübler, U. (2013). Verhaltensanalyse in der Verhaltenstherapie. *Verhaltenstherapie, 23*(2), 108–116. https://doi.org/10.1159/000352030

Abeling, B., Müller, A., Stephan, M., Pollmann, I. & Zwaan, M. de. (2018). Negative Effekte von Psychotherapie: Häufigkeit und Korrelate in einer klinischen Stichprobe. *Psychotherapie, Psychosomatik, medizinische Psychologie* [Negative Effects of Psychotherapy: Prevalence and Correlates in a Clinical Sample], *68*(9-10), 428–436. https://doi.org/10.1055/s-0043-117604

Barthe, H.-J. (2002). Kunstfehler und Missbrauch in der Psychotherapie. Ein Rückblick auf fünf Jahre DPTV-Schlichtungsstelle. Psychotherapeuten-Forum. *Psychotherapeuten-Forum*, 18–20.

Behnsen, E., Bell, K., Best, D., Gerlach, H., Schirmer, H.-D. & Schmid, R. (Hrsg.). (2001). *Management-Handbuch für die psychotherapeutische Praxis - MHP*. Heidelberg: Decker.

Bieda, A., Pflug, V., Scholten, S., Lippert, M. W., Ladwig, I., Nestoriuc, Y. et al. (2018). Unerwünschte Nebenwirkungen in der Kinder- und Jugendlichenpsychotherapie – Eine Einführung und Empfehlungen. *Psychotherapie, Psychosomatik, medizinische Psychologie* [Unwanted Side Effects in Children and Youth Psychotherapy - Introduction and Recommendations], *68*(9-10), 383–390. https://doi.org/10.1055/s-0044-102291

Bienenstein, S. & Rother, M. (2009). *Fehler in der Psychotherapie. Theorie, Beispiele und Lösungsansätze für die Praxis*. Wien: Springer. https://doi.org/10.1007/978-3-211-75603-4

Bockwyt, E. (2020). *Die Verhaltensanalyse. Schritt für Schritt zum individuellen Störungsmodell : mit Leitfaden und ätiopathogenetischer Tabelle*. Stuttgart: Schattauer.

Brakemeier, E.-L. (2019). *Schwierige Situationen in der modernen Psychotherapie. CBASP, DBT, MBT und Schematherapie* (Beltz Video-Learning). Weinheim, Basel: Beltz-Verlag.

Bundesinstitut für Arzneimittel und Medizinprodukte (BfArM) im Auftrag des Bundesministeriums für Gesundheit (BMG) unter Beteiligung der Arbeitsgruppe ICD des Kuratoriums für Fragen der Klassifikation im Gesundheitswesen (Hrsg.). (2020). *ICD-10-GM Version 2021, Systematisches Verzeichnis, Internationale statistische Klassifikation der Krankheiten und verwandter Gesundheitsprobleme, 10. Revision, Stand: 18. September 2020*. Köln. Zugriff am 23.04.2021. Verfügbar unter: www.dimdi.de – Klassifikationen – Downloads – ICD-10-GM – Version 2021

Caspar, F. & Kächele, H. (2008). Fehlentwicklungen in der Psychotherapie. In S. Herpertz, F. Caspar & C. Mundt (Hrsg.), *Störungsorientierte Psychotherapie* (S. 729–743). München: Urban & Fischer Verlag/Elsevier GmbH.

Egle, U. T., Joraschky, P., Lampe, A., Seiffge-Krenke, I. & Cierpka, M. (2016). *Sexueller Missbrauch, Misshandlung, Vernachlässigung. Erkennung, Therapie und Prävention der*

Folgen früher Stresserfahrungen : mit 55 Abbildungen und 70 Tabellen (4., überarbeitete und erweiterte Auflage). Stuttgart: Schattauer.

Eichenberg, C., Dorniak, J. & Fischer, G. (2009). Sexuelle Übergriffe in therapeutischen Beziehungen: Risikofaktoren, Folgen und rechtliche Schritte. *Psychotherapie, Psychosomatik, medizinische Psychologie* [Sexuell assaults in therapeutic relationships: risk factors, consequences and legal steps], *59*(9-10), 337–344. https://doi.org/10.1055/s-2008-1067531

Emmelkamp, P. M. (1988). Misserfolge in der Verhaltenstherapie. In D. Kleiber & A. Kuhr (Hrsg.), *Handlungsfehler und Misserfolge in der Psychotherapie. Beiträge zur psychosozialen Praxis* (Bd. 8, S. 34–44). Tübingen: DGVT-Verlag.

Eye square GmbH. (2020). *Corona: Zu den Hintergründen der Angst | marktforschung.de*. Zugriff am 02.05.2021. Verfügbar unter: https://www.marktforschung.de/aktuelles/marktforschung/corona-zu-den-hintergruenden-der-angst/

Fliegel, S. & Schlippe, A. von. (2005). „Grenzliches" - Schwierige Situationen im therapeutischen Alltag. *PiD - Psychotherapie im Dialog, 6*(2), 207–213. https://doi.org/10.1055/s-2005-866847

Flückiger, C., Del Re, A. C., Wampold, B. E., Symonds, D. & Horvath, A. O. (2012). How central is the alliance in psychotherapy? A multilevel longitudinal meta-analysis. *Journal of Counseling Psychology, 59*(1), 10–17. https://doi.org/10.1037/a0025749

Frank, M. & Frank, B. (2009). Das Erstgespräch in der Verhaltenstherapie. In J. Margraf & S. Schneider (Hrsg.), *Lehrbuch der Verhaltenstherapie* (S. 475–483). Berlin, Heidelberg: Springer Berlin Heidelberg. https://doi.org/10.1007/978-3-540-79541-4_28

Frenzl, D., Gawlytta, R., Schleu, A. & Strauß, B. (2020). (Kunst)Fehler in der Psychotherapie. *Psychotherapeut, 65*(6), 475–486. https://doi.org/10.1007/s00278-020-00462-6

Gawlytta, R., Schwartze, D., Schönherr, D., Schleu, A. & Strauß, B. (2019). Unerwünschte Ereignisse durch unsachgemäß durchgeführte Psychotherapie. *Psychiatrische Praxis* [Unwanted Events Caused by Incorrectly Conducted Psychotherapy - A Pilot Study of the Inventory for the Assessment of Malpractice and its Consequences in Psychotherapy], *46*(8), 460–467. https://doi.org/10.1055/a-1026-1577

Haupt, M.-L., Linden, M. & Strauß, B. (2012). Definition und Klassifikation von Psychotherapie-Nebenwirkungen. *Risiken und Nebenwirkungen von Psychotherapie: Erfassung, Bewältigung, Risikovermeidung (S. 1–14). Berlin: MWV Medizinisch Wissenschaftliche Verlagsgesellschaft.*

Hautzinger, M. (2011). Mikro-Verhaltensanalyse. In M. Linden & M. Hautzinger (Hrsg.), *Verhaltenstherapiemanual* (S. 217–221). Berlin, Heidelberg: Springer Berlin Heidelberg. https://doi.org/10.1007/978-3-642-16197-1_41

Hoffmann, S. O., Rudolf, G. & Strauß, B. (2008). Unerwünschte und schädliche Wirkungen von Psychotherapie. *Psychotherapeut, 53*(1), 4–16. https://doi.org/10.1007/s00278-007-0578-2

Holzer, B. (2020). *salat-mit-wurm | Beiträge zu einem Neuen Yogawillen.* Zugriff am 02.05.2021. Verfügbar unter: https://heinz-grill.de/immunsystem-seele/salat-mit-wurm/

Horvath, A. O., Del Re, A. C., Flückiger, C. & Symonds, D. (2011). Alliance in individual psychotherapy. *Psychotherapy (Chicago, Ill.), 48*(1), 9–16. https://doi.org/10.1037/a0022186

Hutterer-Krisch, R. (2001a). Behandlungsfehler in der Psychotherapie. In R. Hutterer-Krisch (Hrsg.), *Fragen der Ethik in der Psychotherapie. Konfliktfelder, Machtmißbrauch, Berufspflichten* (Zweite, aktualisierte Auflage, S. 133–154). Vienna: Springer Vienna. https://doi.org/10.1007/978-3-7091-6750-2_7

Hutterer-Krisch, R. (Hrsg.). (2001b). *Fragen der Ethik in der Psychotherapie. Konfliktfelder, Machtmißbrauch, Berufspflichten* (Zweite, aktualisierte Auflage). Vienna: Springer Vienna. https://doi.org/10.1007/978-3-7091-6750-2

Hutterer-Krisch, R. (2007). *Grundriss der Psychotherapieethik. Praxisrelevanz, Behandlungsfehler und Wirksamkeit.* Vienna: Springer-Verlag. https://doi.org/10.1007/978-3-211-30671-0

Jaspers, K. (1953). *Wesen und Kritik der Psychotherapie* (Piper-Bücherei, Bd. 82). Frankfurt: Piper.

Kandale, M., Uwer, R. & Jacobi, F. (2017). Erstkontakt und Vorbereitung der Therapie. In E.-L. Brakemeier & F. Jacobi (Hrsg.), *Verhaltenstherapie in der Praxis* (Originalausgabe, S. 111–126). Weinheim: Beltz Verlagsgruppe.

Kanfer, F. H. & Saslow, G. (1974). Verhaltenstheoretische Diagnostik. *Diagnostik in der Verhaltenstherapie,* 24–59.

Kanfer, F. H., Reinecker, H. & Schmelzer, D. (2012). *Selbstmanagement-Therapie. Ein Lehrbuch für die klinische Praxis* (5., korrigierte und durchgesehene Auflage). Berlin, Heidelberg: Springer-Verlag Berlin Heidelberg. https://doi.org/10.1007/978-3-642-19366-8

Kircher, T. (2013). *Pocket Guide Psychotherapie.* Berlin, Heidelberg. Springer. https://doi.org/10.1007/978-3-642-30009-7

Knappe, S. & Härtling, S. (2017). *Diagnostik und Verhaltensanalyse. Techniken der Verhaltenstherapie ; mit E-Book inside und Arbeitsmaterial* (1. Auflage). Weinheim, Basel: Beltz. Verfügbar unter: http://www.content-select.com/index.php?id=bib_view&ean=9783621283830

Kottler, J. A., Blau, D. S. & Hölscher, I. (Hrsg.). (1991). *Wenn Therapeuten irren. Versagen als Chance.* Köln: Ed. Humanistische Psychologie.

Ladwig, I., Rief, W. & Nestoriuc, Y. (2014). Welche Risiken und Nebenwirkungen hat Psy-chotherapie? - Entwicklung des Inventars zur Erfassung Negativer Effekte von Psychothe-rapie (INEP). *Verhaltenstherapie, 24*(4), 252–263. https://doi.org/10.1159/000367928

Linden, M. & Strauß, B. (Hrsg.). (2018). *Risiken und Nebenwirkungen von Psychotherapie. Erfassung, Bewältigung, Risikovermeidung* (2., aktualisierte Auflage). Berlin: MWV Medi-zinisch Wissenschaftliche Verlagsgesellschaft.

Löhr, C. & Schmidtke, A. (2002). Führt Verhaltenstherapie zu Partnerschaftsproblemen? Eine Befragung von erfahrenen und unerfahrenen Therapeuten. *Verhaltenstherapie, 12*(2), 125–131. https://doi.org/10.1159/000064376

Mallach, H. J., Schlenker, G. & Weiser, A. (1993). *Ärztliche Kunstfehler. Eine Falldarstellung aus Praxis und Klinik sowie ihre rechtliche Wertung*. Stuttgart: G. Fischer.

Margraf, J. (2009). Risiken und Nebenwirkungen. In J. Margraf & S. Schneider (Hrsg.), *Lehr-buch der Verhaltenstherapie* (S. 277–296). Berlin, Heidelberg: Springer Berlin Heidelberg. https://doi.org/10.1007/978-3-540-79541-4_17

Märtens, M. & Petzold, H. (2002). *Therapieschäden. Risiken und Nebenwirkungen von Psy-chotherapie* (Edition Psychologie und Pädagogik). Mainz: Matthias-Grünewald-Verl.

Martin, D. J., Garske, J. P. & Davis, M. K. (2000). Relation of the therapeutic alliance with outcome and other variables: A meta-analytic review. *Journal of Consulting and Clinical Psychology, 68*(3), 438–450. https://doi.org/10.1037/0022-006X.68.3.438

Medau, I., Jox, R. J., Dittmann, V. & Reiter-Theil, S. (2012). Eine Pilotstudie zum Umgang mit Fehlern in der Psychotherapie - Therapeuten berichten aus der Praxis. *Psychiatrische Praxis* [A pilot study for handling errors in psychotherapy - therapists report from practical experience], *39*(7), 326–331. https://doi.org/10.1055/s-0032-1305192

Medau, I., Jox, R. J. & Reiter-Theil, S. (2014). Behandlungsfehler in der Psychotherapie: ein empirischer Beitrag zum Fehlerbegriff und seinen ethischen Aspekten. *Ethik in der Medi-zin, 26*(1), 3–18. https://doi.org/10.1007/s00481-012-0231-7

Meinlschmidt, G. & Tegethoff, M. (2009). Psychotherapeutische Fallberichte bei Erwachse-nen. In J. Margraf & S. Schneider (Hrsg.), *Lehrbuch der Verhaltenstherapie* (S. 899–923). Berlin, Heidelberg: Springer Berlin Heidelberg. https://doi.org/10.1007/978-3-540-79541-4_56

Nemeskeri, N. & Stumm, G. (2018). Erstgespräch, Vereinbarungen, Rahmenbedingungen und Therapieende. In G. Stumm & W. W. Keil (Hrsg.), *Praxis der Personzentrierten Psy-chotherapie* (2. Aufl. 2018, S. 313–327). Berlin, Heidelberg: Springer Berlin Heidelberg. https://doi.org/10.1007/978-3-662-54670-3_27

Neudeck, P. & Mühlig, S. (2020). *Therapie-Tools Verhaltenstherapie. Therapieplanung, Pro-batorik, Verhaltensanalyse. Mit E-Book inside und Arbeitsmaterial* (Therapie-Tools, 2., vollständig überarbeitete Auflage). Weinheim, Basel: Julius Beltz GmbH & Co. KG.

Nonnenmacher, A. (2021). *Ekel - Funktion, Aufgabe & Krankheiten | MedLexi.de*. Zugriff am 02.05.2021. Verfügbar unter: https://medlexi.de/Ekel

Petermann, F., Reinecker, H. & Bengel, J. (2005). *Handbuch der klinischen Psychologie und Psychotherapie* (Handbuch der Psychologie, / hrsg. von J. Bengel ... ; Bd. 1). Göttingen: Hogrefe. Verfügbar unter: http://elibrary.hogrefe.de/9783840918995/a

Pierre Fabre Dermo-Kosmetik GmbH. (2021). *Hände waschen will gelernt sein. Richtiges Händewaschen ist die Basis für einen gesunden Alltag*. Zugriff am 02.05.2021. Verfügbar unter: https://www.eau-thermale-avene.de/hautexperten/hautreinigung/haendewaschen

Pulverich, G. (2000). Rechtliche Rahmenbedingungen. In J. Margraf (Hrsg.), *Lehrbuch der Verhaltenstherapie. Band 1: Grundlagen - Diagnostik - Verfahren - Rahmenbedingungen* (2., vollständig überarbeitete und erweiterte Auflage, S. 633–654). Berlin, Heidelberg: Springer Berlin Heidelberg. https://doi.org/10.1007/978-3-662-07565-4_43

Rechenberger, H.-G. (1974). *Kurzpsychotherapie in der ärztlichen Praxis*. Berlin, Heidelberg: Springer. https://doi.org/10.1007/978-3-662-00962-8

Sachse, R. (2016). *Therapeutische Beziehungsgestaltung* (2., aktualisierte und ergänzte Auflage 2016). Göttingen: Hogrefe. Verfügbar unter: http://sub-hh.ci-ando.com/book/?bok_id=2089157

Sachse, R., Fasbender, J. & Sachse, M. (2011). Therapeutische Regeln in der Klärungsorientierten Psychotherapie. In R. Sachse & S. Abegglen (Hrsg.), *Perspektiven klärungsorientierter Psychotherapie* (S. 13–54). Lengerich: Pabst Science Publ.

Schneider, F., Weber-Papen, S. & Vernaleken, I. B. (2010). *Psychiatrie, Psychosomatik und Psychotherapie ... in 5 Tagen* (Springer-Lehrbuch). Heidelberg: Springer. https://doi.org/10.1007/978-3-540-89050-8

Schultze, C. (2000). *Linguistische Gesprächsanalyse des familientherapeutischen Erstgesprächs. Entwicklung eines gesprächsanalytischen Kategoriensystems für familientherapeutische Erstgespräche, seine Anwendung auf ein Erstgespräch und die Ermittlung gesprächskonstitutiver Merkmale anhand der empirisch-quantitativ erarbeiteten Ergebnisse*. Zugl.: Göttingen, Univ., Diss., 1998. Wien: Ed. Praesens.

Schwartze, D. & Strauß, B. (2018). Zur Definition und Erfassung von Kunstfehlern und Kunstfehlerfolgen in der Psychotherapie. *Trauma und Gewalt, 12*(04), 296–306. https://doi.org/10.21706/tg-12-4-296

Sponsel, R. (2002). *Über potentielle Kunst- oder Behandlungsfehler in der Psychotherapie aus allgemeiner und integrativer Sicht*. Vortrag auf der Ersten Fachtagung des IVS am Samstag den 27. Juli 2002, Erlangen. Verfügbar unter: https://www.sgipt.org/gipt/kf/kf020727.htm

Stiehler, M. (2016). *Da ist der Wurm drin - Konzentrationsstörungen durch Madenwurminfek-tionen*. Zugriff am 02.05.2021. Verfügbar unter: https://www.praxis-foerderdiagnos-tik.de/madenwurminfektionen/

Strauß, B. (2010). Risiken, Nebenwirkungen und Fehlbehandlungen in der Psychotherapie. *Kurzfassung eines Vortrags anlässlich des Landespsychotherapeutentag, Berlin, 11.* Zu-griff am 28.04.2021. Verfügbar unter: https://www.psychotherapeutenkammer-ber-lin.de/system/files/prof_strauss.pdf

Strauß, B. & Linden, M. (2018). Risiken und Nebenwirkungen von Psychotherapie. *Psycho-therapie, Psychosomatik, medizinische Psychologie* [Risks and Side Effects of Psychothe-rapy], *68*(9-10), 375–376. https://doi.org/10.1055/a-0630-3297

Tuschen-Caffier, B. & Gemmeren, B. von (2009). Problem- und Verhaltensanalyse. In J. Margraf & S. Schneider (Hrsg.), *Lehrbuch der Verhaltenstherapie* (S. 363–375). Berlin, Heidelberg: Springer Berlin Heidelberg. https://doi.org/10.1007/978-3-540-79541-4_21

Vogt, I., Arnold, E. & Sonntag, U. (1999). Körperkontakte und sexuelle Kontakte im psycho-therapeutischen Setting. Ergebnisse einer empirischen Studie. *RepPsychol*, (10), 754–763.

Wälte, D. & Borg-Laufs, M. (Hrsg.). (2018). *Psychosoziale Beratung. Grundlagen, Diagnos-tik, Intervention* (Grundwissen Soziale Arbeit, Band 24, 1. Auflage). Stuttgart: Kohlhammer Verlag. Verfügbar unter: https://ebookcentral.proquest.com/lib/gbv/detail.ac-tion?docID=5245934

Wendisch, M. & Neher, M. (2003). Das Erstgespräch in der Verhaltenstherapie – ein Leitfa-den. *Verhaltenstherapie, 13*(2), 122–129. https://doi.org/10.1159/000072186

Wilke, S. (1992). *Die erste Begegnung. Eine konversations- und inhaltsanalytische Untersu-chung der Interaktion im psychoanalytischen Erstgespräch*. Zugl.: Berlin, Freie Univ., Diss., 1991. Heidelberg: Asanger.

Zaby, A. & Heider, J. (2011). Verhaltenstherapeutische Diagnostik. In W. Senf, M. Broda, W. Senf & M. Broda (Hrsg.), *Praxis der Psychotherapie*. Stuttgart: Georg Thieme Verlag. https://doi.org/10.1055/b-0033-1036

Tabelle 1

Gängige Abkürzungen	Komponente	Erklärung
S	Stimulus	Stimuli, die in der problemrelevanten Situation auf den Organismus einwirken
S_i S_e S^D	interner Stimulus externer Stimulus diskriminativer Stimulus, der mit Verstärkung assoziiert ist	
S^{Δ}	diskriminativer Stimulus, der mit Extinktion, d.h. dem Ausbleiben von Verstärkung assoziiert ist	
CS	konditionierter Stimulus	
UCS	unkonditionierter Stimulus	
O	Organismus	Situationsübergreifende biologische und psychologische Personenmerkmale, die das Problemverhalten begünstigen; die O-Variable bildet die Schnittstelle zur vertikalen Verhaltensanalyse
R	Reaktion	Problemverhalten auf kognitiver, emotionaler, physiologischer und motorischer Ebene
R_{kogn} R_{emot} R_{phys} R_{mot}	kognitive Reaktion emotionale Reaktion physiologische Reaktion offen beobachtbare Reaktion	
K	Kontingenz	Regelhaftigkeit, mit der eine bestimmte Konsequenz auf ein bestimmtes Verhalten folgt (z.B. immer oder intermittierend)
C	Konsequenz	Veränderung, die auf das Problemverhalten folgt
Konsequenzarten		
C^+ C^- C^+ C^-	Eintreten einer positiven Konsequenz Eintreten einer negativen Konsequenz Wegfall einer positiven Konsequenz Wegfall einer negativen Konsequenz	positive Verstärkung direkte Bestrafung Typ 1 indirekte Bestrafung Typ 2 / Löschung negative Verstärkung
Zeitpunkt		
C_k C_l	kurzfristige Konsequenz langfristige Konsequenz	
Entstehungsort		
C_i C_e	interne Konsequenz externe Konsequenz	

Abbildung 3

Aufgaben des Therapeuten

■ Informationssuche des Therapeuten
- Gründe und Anlass für Behandlungswunsch, Therapiemotivation und -erwartungen des Patienten
- Erfassung der aktuellen Symptomatik und des bisherigen Verlaufs; Erstellung einer Verdachtsdiagnose und Abklärung der wichtigsten diagnostischen Kriterien
- Behandlungsmöglichkeit klären und frühzeitig entscheiden
- Erfassung zentraler problemspezifischer Konzepte, Überzeugungen und Ziele des Patienten
- Erfassung allgemeiner Konzepte, Werte und Ziele des Patienten
- Erfassung vorhandener Ressourcen und Kompetenzen des Patienten

■ Informationsweitergabe an den Patienten
- Informationen/Erklärungen zur Symptomatik und zum Krankheitsverlauf
- Vermittlung allgemeiner Prinzipien der Behandlung
- Informationen zum weiteren Ablauf und Klärung organisatorischer Fragen

■ Aufbau einer guten emotionalen Beziehung
- Emotionale Nähe zum Patienten vermitteln und sein Leiden nachempfinden
- Patienten und seine Probleme ernst nehmen
- Vertrauen und Offenheit beim Patienten erzielen
- Patient muss sich verstanden fühlen

- Glaubwürdigkeit des Therapeuten
- Wertfreiheit
- Unterlassung von Schuldzuweisungen o. Ä.

■ Aufbau einer guten therapeutischen Beziehung
- Kompetenzzuschreibung bzw. -erwartung erhöhen
- Vermittlung therapeutischer Erfahrung
- Hohe Plausibilität, Kompatibilität und Nichtfalsifizierbarkeit der Äußerungen bzw. Erklärungen des Therapeuten
- Hohe Transparenz
- Sicherheit des Auftretens
- Negativen Vorurteilen des Patienten entgegenwirken
- Äußeres Erscheinungsbild, nonverbale Äußerungen und allgemeines soziales Verhalten des Therapeuten

■ Erste therapeutische Interventionen
- Vorbereitung des Patienten auf spezielle störungsspezifische Behandlungskonzepte
- Veränderung ungünstiger kognitiver Konzepte des Patienten
- Förderung einer aktiven und selbstverantwortlichen Rolle des Patienten in der Therapie
- Gezielte Beeinflussung der Perspektivität des Patienten, Motivation zur Behandlungsfortsetzung
- Falls hier keine weitere Behandlung möglich: plausible und entpathologisierende Erklärung sowie Vermittlung von Alternativen
- Falls Verdacht auf Suizidgefährdung: adäquate Versorgung sicherstellen